LA VENGEANCE,

COMEDIE

EN UN ACTE ET EN VERS.

Par le Citoyen J. Patrat,

Représentée pour la première fois sur le Théâtre de l'Odéon, (Faubourg Germain) le 10 Brumaire, an 7.

PRIX : 1 FRANC 2 DÉCIMES.

A PARIS,

Chez { DÉSESSARTS, Libraire, vis-à-vis l'Odéon Français.
DESTU, Libraire, Palais Égalité, gallerie de bois.
HUGELET, Imprimeur, rue des Fossés-Jacques.

AN VII.

lih
1583

PERSONNAGES.	ACTEURS.

Mad. WANDERK, *riche Propriétaire.*
                                   La C°. Desrosiers.
ADÉLAIDE, *sa Fille.*   La C°. Beffroy,
LISBETH, *Gouvernante de la maison.* C°. Molière.
MIRVAL, *Secrétaire de M° Wanderk.* le C. Dorsan,
FRIDRIC, *Domestique de M° Wanderk.* Le C. Picard.
UN NOTAIRE.   Le C. Valville.

La Scène se passe en Hollande.

AVIS DE L'AUTEUR.

Je dois un tribut d'éloges aux Artistes dont les talens ont embelli cette petite Comédie. La C.ᵉ Desrosiers a réuni dans le rôle de M.ᵐᵉ Wanderk, la candeur à la finesse, et le goût à la sensibilité : sa figure aimable, sa mise modeste et sa gaîté décente n'ont rien laissé à désirer.

La jeune Beffroy n'a pas eu besoin d'art pour plaire ; elle a été, elle-même, vivacité franche, tendre ingénuité ; c'étoit mon Adélaïde ; sa taille svelte et sa jolie mine ont prêté des charmes à tout ce qu'elle disoit. Elle doit ses talens à la Nature ; on peut tout en espérer.

Le C.ᵉⁿ Dorsau, toujours soigneux, toujours dans le caractère du rôle qu'il représente, a mis, dans celui de Mirval, toute la retenue de la sagesse et tout le feu du sentiment ; il étudie les grands modèles, et son émulation doit faire espérer qu'il pourra bientôt les atteindre.

La C.ne Molière et le C.en Picard ont tiré tout le parti possible des deux faibles rôles dont ils avoient bien voulu se charger : Et tout a été joué avec soin, jusqu'au personnage du Notaire, auquel le C.en Valville a donné, sans charge, un caractère très plaisant.

Heureux l'Auteur qui voit ainsi embellir son Ouvrage, et qui peut publiquement en témoigner toute sa reconnoissance.

J. Patrat

LA
VENGEANCE,
COMÉDIE
EN UN ACTE ET EN VERS.

*Le Théâtre représente un salon dont les portes sont
ouvertes, & laissent voir, dans le fond, une
superbe gallerie préparée pour une fête.*

SCENE PREMIERE.

LISBETH, FRIDRIC.

*Lisbeth est occupée à garnir des bougies que Fridric place
dans les girandolles qui sont sur la table.*

LISBETH.

ALLONS, allons ; le temps s'avance.

FRIDRIC.

Je ne m'amuse pas ; et vous pouvez le voir.

LISBETH.

Quel tracas nous aurons ce soir !

FRIDRIC *gaîment.*

Mais aussi, nous ferons bombance.

A 2

LISBETH.

C'est là ton seul plaisir.

FRIDRIC.

Dam! chacun a son goût.

LISBETH.

Pourquoi faire cette dépense?
A quelle occasion?

FRIDRIC.

Je n'en sais rien du tout.

LISBETH.

Mais par quelle raison éloigner tout-à-coup
Et sa fille et son secrétaire?

FRIDRIC *quittant l'ouvrage.*

Mamsel'Lisbeth? je crais que ton Notaire
Est mieux instruit que nous.

LISBETH, *avec curiosité.*

Sur quoi le penses-tu?

FRIDRIC.

Depuis une heure au moins, il est seul avec elle.

LISBETH.

Et tu conclus de là?

FRIDRIC.

Pardi! qu'il est venu
Pour marier Mademoiselle.

LISBETH.

Extravagant!

FRIDRIC.

Celui qui gageroit
Qu'on donne ce festin pour la noce....

LISBETH.

Perdroit.

FRIDRIC *vivement.*

Hé! pourquoi donc inviter sa famille?

LISBETH *le contrefaisant.*

Hé! pourquoi donc faire partir sa fille?
Hein?

FRIDRIC.

Pour la faire rêveuir
Avec son futur.

LISBETH.

Qu'il est bête !

FRIDRIC.

Vous m'en direz deux mots ce soir après la fête.

LISBETH.

Et quel est ce futur ?

FRIDRIC.

Dam ! je ne le sais pas.
Mais, qu'importe ? en Hollande on n'y regarde guerre,
Et la qualité qu'on préfère
Dans un mari, c'est beaucoup de ducats.

LISBETH, avec chaleur.

Ah ! tu ne connois pas Madame !
C'est bien le meilleur cœur ! c'est bien la plus belle âme !
Elle sait réunir la gaîté des Français
A la candeur des Hollandais.
Bonne amie, excellente mère ;
A son cœur sa fille est trop chère
Pour la sacrifier à de vils intérêts.
Et comme la petite est naïve et sincère,
Si quelqu'un avoit su lui plaire,
Certainement je le saurais.
Et je n'ai jamais vu. . . . .

FRIDRIC.

Vous ne voyez donc guerre

LISBETH.

Heu ! qu'entends-tu par là ?

FRIDRIC.

Qu'à ce pauvre Mirval
Ce mariage là va faire bien du mal.

LISBETH.

Ah ! vraiment l'idée est nouvelle !
Un Secrétaire !

FRIDRIC.

C'est égal !

A 4

LISBETH.

Il est Instituteur de notre Demoiselle ;
Et tu fais tort à ce jeune Français ;
Il pense avec délicatesse ;
Il est honnête, et modeste à l'excès.
Dans ses leçons, il donne à ma maîtresse
Les préceptes de la sagesse,
Et ne s'en écarte jamais.

FRIDRIC.

J'ai de bons yeux.

LISBETH.

Vas, tu t'abuses.

FRIDRIC.

En fait d'amour, les filles ont des ruses !

LISBETH.

Mais, tu sais qu'aux leçons j'assistais tous les jours.
Les momens s'écouloient.....

FRIDRIC.

Et leur sembloient trop courts.

LISBETH.

Mirval est fort exact.

FRIDRIC.

Jamais elle ne tarde.

LISBETH.

Elle lui parle peu.

FRIDRIC.

Mais elle le regarde.

LISBETH.

Ils ne se cherchent point.

FRIDRIC.

Ils se trouvent toujours.

LISBETH.

Adélaïde, simple et sans expérience,
Ne m'a jamais caché ce qu'elle pense.
Gouvernante de la maison
J'ai su l'élever sur ce ton :

Et je ne pense pas qu'elle change de note.
Mon cher Fridric, regarde-moi ;
Et tu verras si j'ai l'air d'une sotte.

FRIDRIC.

Lorsque l'on voit un couple adolescent
Se sourire en se regardant,
On dit... : C'est un enfantillage ;
Mais lorsqu'en rencontrant leurs yeux,
Ils sont tout-à-coup si honteux
Qu'un grand feu leur monte au visage,
Alors, bien fermement je crois
Qu'ils ont tous deux l'amour en tête.
Mamsel Lisbeth, regardez-moi,
Et vous verrez si j'ai l'air d'une bête.

LISBETH.

En tout cas, cet amour seroit bien malheureux.

FRIDRIC.

Bon ! en les mariant tous deux,
Cela s'arrangeroit.

LISBETH.
O la belle chimère !

FRIDRIC.

Et pourquoi donc ?

LISBETH.

Je sai que ce jeune étranger
A sauvé du plus grand danger
Ma jeune maîtresse et sa mère.
Mais il en est, je crois, assez récompensé.

FRIDRIC.

On peut récompenser de plus d'une manière.

LISBETH.

Celle-ci seroit singulière :
Nourri, logé, vêtu, prévenu, caressé ;
Il a, de la maison, la confiance entière.
Mais, si Madame a pu s'appercevoir
Qu'il en conte à son écolière,
Nous pouvons nous attendre à ne plus le revoir.

FRIDRIC.

Ce seroit bien fâcheux!

LISBETH.

Oui, tout le monde l'aime;
C'est le meilleur garçon.

FRIDRIC.

Hé! le voici lui-même.

~~~~~~~~~~~~~~~~~~~~~~~~~~~~~~~~~~~~~~

SCENE II.

FRIDRIC, MIRVAL *en botte*, LISBETH.

LISBETH.

COMMENT, c'est vous mon cher Mirval?

MIRVAL.

Bon soir, mes bons amis.

FRIDRIC.

Bon, vous serez du bal.

LISBETH.

De vous revoir, je suis vraiment ravie.
    (*à Fridric.*)
Fridric, vas prendre les paquets.

FRIDRIC *à Mirval.*

Depuis votre départ, tenez, je parierais
    Que Mademoiselle s'ennuie!....

LISBETH.

Faites ce qu'on vous dit.

FRIDRIC, *s'en allant.*

J'y vais.

◆◆◆◆◆◆◆◆◆◆◆◆

SCENE III.

LISBETH, MIRVAL.

MIRVAL.

Lisbeth, pourquoi tous ces apprêts ?

LISBETH.

Ne m'interrogez point là-dessus, je vous prie.

MIRVAL.

D'où vient ?

LISBETH.

Soit par caprice ou par bizarrerie,
Ma maîtresse, de ses projets,
Ne m'a pas dit un mot.

MIRVAL.

Quelle plaisanterie !

LISBETH.

Je ne plaisante pas du tout : depuis long-temps,
Rendant justice à ma prudence,
Elle me faisoit confidence
Des secrets les plus importans.
Hé bien, dans cette circonstance,
Soit caprice, soit méfiance,
Sans prendre mon avis elle a tout ordonné.
Et vous serez plus étonné
Quand vous saurez que sa fille chérie
Ne sait pas un mot de ceci.

MIRVAL.

Mais, comment se peut-il ?

LISBETH.

Comment ? Elle est partie
Peu de jours après vous.

MIRVAL. très-inquiet.

Elle n'est point ici ?

LISBETH.

Non : c'est une cachoterie!....

MIRVAL, *tirant une lettre.*

Sa mère m'avoit fait partir
Pour terminer d'importantes affaires,
Sans m'avoir fait passer les papiers nécessaires.
Elle m'écrit de revenir,
Et son ordre est précis.

LISBETH *la regardant.*

Voulez-vous bien permettre?
(*Elle lit.*) « Mirval, au reçu de ma lettre,
» Vous partirez sans perdre un seul instant ;
» Abandonnez toute autre affaire.
» Je suis, &c. » ; et toujours du mystère ;
Sur mon honneur, c'est révoltant.

MIRVAL *serrant sa lettre.*

Vous connoissez votre maîtresse ;
Elle a trop de bon sens ; elle a trop de sagesse
Pour n'avoir pas un motif important.

LISBETH, *avec malice.*

On croit qu'en rassemblant aujourd'hui sa famille,
Elle a dessein,.... (*Elle cherche à lire dans ses yeux.*)

MIRVAL.

De quoi ?

LISBETH, *de même.*

De marier sa fille.
(*à part.*) Il a pâli : son amour est réel.

MIRVAL *à part.*

Cachons mon déplaisir mortel.
(*Haut.*)　Puis-je entrer ?

LISBETH.

Non, elle est chez elle.
Mais son Notaire est avec elle.

MIRVAL.

(*à part*). Ciel! (*haut.*) Je ne puis donc lui parler ?

LISBETH.

Je ne sais pas si la chose est possible,

Car elle a défendu qu'on aille la troubler ;
Mais peut-être pour vous elle sera visible.
J'y vais. (à part.) Pauvre garçon ! (Elle sort.)

~~~~~~~~~~~~~~~~~~~~~~~~~~~~

SCENE IV.

MIRVAL Seul.

Je me flattais envain.
Tout espoir est perdu : mon malheur est certain.
Cette tendre amitié que me montroit sa mère,
N'étoit donc qu'un appas trompeur,
Qui devoit rendre ma douleur
Et plus cuisante et plus amère ?

(Après un silence.)

Mirval ? elle n'est point cause de ton erreur,
Et cette femme respectable
A des droits sacrés sur ton cœur :
En te donnant sa confiance entière,
Elle a compté sur ta candeur.
Respecte Adélaïde. Elle est ton écolière :
Ne te prépare point la honte et les regrets,
Supporte le malheur avec une âme fière,
Et ne le mérite jamais.
Par bonheur, je n'ai point encore
Fait éclater mes sentimens secrets ;
Adélaïde les ignore :
J'ai vu naître, former, embellir ses attraits :
Dans ses yeux sans expérience
J'ai cru quelques fois entrevoir
Ce premier sentiment si cher à l'innocence,
Et que le cœur éprouve avant de le prévoir ;
Mais sacrifiant tout à la reconnoissance,
Il faut étouffer l'espérance
Et n'écouter que le devoir.
Sauvons-là d'elle-même, et partons dès ce soir.
Je veux surmonter ma tendresse,
Dussai-je en périr de douleur.
J'aime mieux mourir sans bassesse
Que de végéter sans honneur.

~~~~~~~~~~~~~~~~~~~~~~~~~~~~~~~

SCENE V.

LISBETH, MIRVAL, FRIDRIC.

LISBETH.

Attendez, elle est en affaire,
Mais elle vous fera venir
Dès qu'elle aura renvoyé son Notaire.

MIRVAL.

Aurez-vous la bonté de me faire avertir ?
Je vais monter chez moi.

FRIDRIC.

J'irai : soyez tranquille.

MIRVAL, *à part.*

Allons tout préparer et quittons cette ville. (*Il sort.*)

~~~~~~~~~~~~~~~~~~~~~~~~~~~~~~~

SCENE VI.

LISBETH, FRIDRIC.

LISBETH.

Tu disais vrai, Fridric ; il a beau s'efforcer,
Il ne peut cacher sa tristesse.

FRIDRIC.

Dam, quand on est prêt à danser
A la noce de sa maitresse,
Ce n'est pas régalant.

LISBETH.

Sa douleur m'intéresse.
Je veux avec Madame avoir un entretien.
Je l'attends de pied ferme.

FRIDRIC.

Hé bien?

LISBETH.

Je la retournerai de toutes les manières :
J'emploierai tour-à-tour reproches et prières :
    Enfin, je m'y prendrai si bien
Pour savoir son secret......

FRIDRIC.

        Que vous ne saurez rien.

LISBETH.

Pourquoi donc, s'il vous plaît ?

FRIDRIC.

        Vous seriez en colère
Si je vous disois le pourquoi.

LISBETH.

Point du tout.

FRIDRIC.

Jurez-en.

LISBETH.

    Ma foi.

FRIDRIC, *en confidence.*

    Pour causer avec son Notaire,
    Madame étoit dans son boudoir.
J'étois contre la porte ; ils ne pouvoient me voir,
Et je les regardois, comme je vous regarde ;
Madame a dit...... (*Hésitant.*)

LISBETH.

    Quoi donc ? ne fais pas le discret.

FRIDRIC, *en confidence.*

Qu'elle vous confieroit volontiers son secret,
    Si vous n'étiez pas si bavarde.

LISBETH *lui donnant un soufflet.*
Impertinent.

FRIDRIC.

    Ah ! c'est bien fait.
    Je ne devais pas vous instruire.
    Ce soufflet est bien mérité.
    Je savais que la vérité
    N'étoit pas toujours bonne à dire.

SCENE VII.

LES MÊMES, Madame WANDERK.

M^e. WANDERK, *donnant des papiers.*

Mon Notaire oublioit ces papiers importans.
Cours après lui, Fridric, et passe en même temps
Chez mon Bijoutier.

FRIDRIC.
Pour quoi faire?

M^e. WANDERK.
Donnes-lui ce billet... Dis-lui que je l'attends,
Et reviens au plutôt.

FRIDRIC.
Je ne tarderai guerre,
Mais je vais avertir, avant de m'en aller,
Mirval, qui voudroit vous parler.

M^e. WANDERK.
Lisbeth ira.

FRIDRIC.
C'est bon. (*Il sort.*)

SCENE VIII.

Madame WANDERK, LISBETH.

LISBETH.

En conscience;
Sans manquer à la bienséance,
Et sans oublier mon devoir;
En ce moment je crois pouvoir
Me plaindre amérement de votre méfiance.

M^e. WANDERK.

Mᵉ. WANDERK.

En quoi donc?

LISBETH.

Vous donnez une fête ce soir :
M'en cacher la raison c'est me faire une offense ;
Mon zèle a quelques droits à votre confiance.
Il est bien dur pour moi......

Mᵉ. WANDERK.

Tu voudrais donc savoir
Le motif de ce bal ?

LISBETH.

J'en meurs d'impatience.

Mᵉ. WANDERK.

Il falloit donc m'en avertir.

LISBETH.

C'est que je craignois......

Mᵉ. WANDERK.

Quelle enfance!

LISBETH, *avec joie.*

Vous aurez donc la complaisance......

Mᵉ. WANDERK, *le doigt sur la bouche.*

En satisfaisant ton desir,
Puis-je compter?....

LISBETH *enchantée.*

Sur un profond silence.

Mᵉ. WANDERK *l'amenant au bas de la scène,
après avoir regardé si personne n'écoute.*

Si je donne une fête avec magnificence......
......C'est que...... tel est mon bon plaisir.

LISBETH *étonnée.*

Comment.

Mᵉ. WANDERK, *le doigt sur la bouche.*

Ne vas pas me trahir :
Te voilà dans ma confidence.

LISBETH.

La confidence est belle, et......

B

M*. W A N D E R K.

Va vite avertir
Mirval que je l'attends.

L I S B E T H, *avec humeur.*

Discrette autant qu'habile;

M*. W A N D E R K.

Sur ta discrétion, va, je suis bien tranquille.

L I S B E T H *fâchée.*

En vérité, Madame.

M*. W A N D E R K, *d'un ton à se faire obéir.*

Allez chercher Mirval.

L I S B E T H, *méchonnant en s'en allant.*

Oh! gardez vos secrets, cela m'est bien égal.

~~~~~~~~~~~~~~~~~~~~~~~~~~~~~~

S C E N E   IX.

Madame WANDERK *Seule.*

ELLE s'en va bien en colère.
Mon silence lui cause un violent chagrin.
Mais lui confier mon dessein
C'est le dire à toute la terre,
Et j'ai besoin du plus profond mystère
Pour réussir dans mon projet.
Mirval ose manquer à la reconnoissance;
Il adore ma fille; elle l'aime en secret;
J'ai surpris leur intelligence;
De leur amour j'ai suivi les progrès;
Dans l'âge heureux de l'innocence
Un premier sentiment ne se masque jamais:
L'une trompe sa mère, et l'autre son amie!
Cette double réserve a droit de m'affliger.
Elle a porté le trouble en mon âme attendrie.
Voici l'instant de m'en venger.
Pour les punir tous deux de n'être pas sincère,
J'espere leur donner ce soir avec succès
Une leçon forte et sévère,
Mais sans la porter à l'excès,
Je veux me venger......mais en mère;

~~~~~~~~~~~~~~~~~~~~~~~~~~~~~~~~

SCÉNE X.

Mr. WANDERK, MIRVAL.

MIRVAL.

JE me rends à votre ordre.

Mr. WANDERK, *d'un air ouvert.*

Ah ! vous voilà Mirval?
Tant mieux ; vous m'êtes nécessaire
Pour faire les honneurs du bal.

MIRVAL.

Comment ! vous donnez une fête?

Mr. WANDERK, *gaîment.*

Oui, mon bon ami.

MIRVAL.

Quand ?

Mr. WANDERK.

Ce soir :
J'ai su tout régler; tout prévoir;
Vous verrez si j'ai de la tête.
A se bien divertir ici chacun s'apprête :
J'en donnerai l'exemple ; et vous allez me voir
D'une gaîté ! d'une folie !
Je ne veux pas sitôt renoncer au plaisir :
Plus on voit approcher le terme de la vie,
Et plus on doit se hâter d'en jouir.
Avec l'ennui j'ai fait divorce :
Je deviendrais laide demain,
Sans en avoir le plus léger chagrin.
Hé ! que me fait à moi l'écorce,
Tant que le fond sera bien sain.
Le temps pourra m'ôter ma force,
Courber mon corps; rider mes traits,
Mais mon humeur ne changera jamais.
Les petits jeux sont pour l'enfance ;
Dans l'âge mûr il faut de la raison ;

B 2

Mais la gaîté naïve et pure
Est un présent de la nature
Qui convient à chaque saison.

MIRVAL.

Cet aimable enjouement qui vous caractérise. . . . .

M⁰. WANDERK.

Est le garand de ma franchise,
Jusqu'au fond de mon cœur il est aisé de voir.

MIRVAL, *avec curiosité.*

Mais pourquoi donnez-vous cette fête ce soir?
A quelle occasion? . . . . . .

M⁰. WANDERK, *d'un ton sérieux.*

Doucement, je vous prie,
Mirval? c'est mon secret que vous voulez savoir.

MIRVAL.

Je n'ai pas prétendu.

M⁰. WANDERK, *reprenant l'air gai.*

Gardons chacun les nôtres.
Vous ne m'avez jamais communiqué les vôtres.

MIRVAL.

Ah! Madame! croyez......

M⁰. WANDERK, *galment.*

Je ne vous blâme en rien.
Chacun peut à son gré disposer de son bien,
Sans que personne s'en offense:
Je ne prétends point arracher
Le secret qu'on veut me cacher.
Mais celui qui croit par prudence
Devoir me déguiser les siens,
Ne doit jamais prétendre à connoître les miens:
Méfiance pour méfiance.

MIRVAL.

En me comblant de vos bienfaits,
M'avez-vous, une fois, demandé mes secrets?

M⁰. WANDERK, *sérieusement.*

On peut avec réconnoissance
Recevoir une confidence;
Mais on ne l'exige jamais.

M I R V A L.

Sans vouloir vous tromper j'ai gardé le silence.
Mon père, intéressé dans un commerce immense,
Vit tout-à-coup changer son sort.
Un revers accablant engloutit sa fortune :
La vie alors lui devint importune ;
Il oublia son fils, et se donna la mort.
Resté sans appui sur la terre ;
Redoutant le mépris qui s'attache au malheur,
Je vins ici cacher ma honte et ma misere.
Vous avez de mon sort, adouci la rigueur ;
Et je dois tout à votre bienfaisance.

M^e. W A N D E R K, *avec sentiment.*

Dites plutôt, mon cher, à ma reconnoissance.
(*en riant.*) Mais je savais déjà cela.

M I R V A L *étonné.*

Vous le saviez ?

M^e. W A N D E R K.

Sans doute, et vous voyez par là
A quoi peut servir le mystére.
Avec ses vrais amis il faut être sincère.

M I R V A L *embarrassé.*

Vous savez mes secrets. . . .

M^e. W A N D E R K.

Bien vrai ?

M I R V A L.

Je n'en ai plus...

M^e. W A N D E R K *mettant son doigt sur le cœur de Mirval.*

Cherchez là. . . . .

M I R V A L *troublé.*

Madame, ils vous sont tous connus.

M^e. W A N D E R K, *en souriant.*

Tous, c'est un peu fort.

M I R V A L.

Je vous jure. . . . . .

M^e. W A N D E R K, *vivement et sérieusement.*

Ne jurez pas.

M I R V A L, *interdit.*

Mais. . . .

B 3

Mᵉ. WANDERK.

Gardez-vous-en bien.
Je plains la méfiance et je hais l'imposture.
A qui veut m'offenser, je pardonne une injure ;
A qui veut me tromper, je ne pardonne rien.

MIRVAL à part.

De ce qu'elle me dit que faut-il que j'augure ?
(à Madame Wanderk.)
La crainte quelquefois......

Mᵉ. WANDERK.

On peut se méfier,
De celui que là crainte arrête :
Tout sentiment a cessé d'être honnête
Dès qu'on rougit de l'avouer.

MIRVAL à part.

Ah ! mon cœur s'ouvre à l'espérance.
(à Madame Wanderk.)
Souvent la crainte d'offenser......

Mᵉ. WANDERK, vivement.

Jamais la franchise n'offense :
Mais la réserve peut blesser ;
Entre de vrais amis la sotte défiance
Est ridicule et fait pitié :
L'attachement sans confiance
N'est que l'ombre de l'amitié.

MIRVAL, Mᵉ. WANDERK, ADÉLAIDE.

ADÉLAIDE, sans voir Mirval, examinant avec
étonnement les guirlandes, les lustres, etc.

O comme c'est joli ! (Elle voit sa mère, et court se
jetter dans ses bras.)
Maman que je t'embrasse. (Elle se
trouve au milieu et tourne le dos à Mirval.)

Mᵉ. WANDERK la caressant.

Viens, mon enfant.

ADÉLAÏDE.
J'étais bien lasse
De ton absence…… Mais pourquoi
Me laisser huit jours loin de toi?

M⁰. WANDERK. …
Tu le sauras dans peu.

ADÉLAÏDE.
Qu'est-ce donc qui se passe?
Pourquoi l'appartement est-il orné par-tout?

M⁰. WANDERK.
Trouves-tu cela de ton goût?

ADÉLAÏDE.
C'est charmant; mais pourquoi ces apprêts?

M⁰. WANDERK.
Patience,
Tu seras instruite ce soir.

ADÉLAÏDE.
Ce soir? oh! c'est trop long! je voudrais tout savoir
A l'instant même.

M⁰. WANDERK.
Ah! quelle pétulence!
Plutôt, plus tard; c'est bien égal.

ADÉLAÏDE *tourne la tête, voit Mirval, et jette un petit cri de joie.*
Ah?

M⁰. WANDERK.
Comment? Qu'as-tu donc?

ADÉLAÏDE.
Mirval,
Je ne vous voyais pas.

(*Pendant cette scène, Adélaïde se tourne du côté de Mirval, et sa mère la retourne vis-à-vis d'elle.*)

M⁰. WANDERK.
Si pour te satisfaire
Il faut absolument t'apprendre ce mystère,
Je vais te contenter.

B 4

ADÉLAÏDE, à *Mirval*.

C'est mal.

D'abandonner votre écolière.

MIRVAL.

J'étais.......

M². WANDERK.

Tu vas savoir des détails importans

Que, malgré moi, j'ai dû te taire.

ADÉLAÏDE à *Mirval*,

J'ai perdu mes leçons......

MIRVAL.

Pendant dix jours.

ADÉLAÏDE.

Le temps

M'a paru bien plus long.

M². WANDERK.

J'espère

Que tu m'écouteras.

ADÉLAÏDE.

C'est que je m'ennuyois !

Mais où donc étiez-vous?

MIRVAL.

J'étois à votre terre.

ADÉLAÏDE.

Pardi, c'étoit bien nécessaire.

Il falloit venir où j'étois.

MIRVAL.

J'obéissois à votre mère.

ADÉLAÏDE.

Et moi je n'ai pu t'availler

Pendant ces dix grands jours !

M². WANDERK, *se plaçant entre eux*.

Elle mouroit d'envie

De savoir mon secret.... hé bien? elle l'oublie:

Quand il s'agit de babiller,

Quelle tête folle et légère !

ADÉLAÏDE.

Quand mon maitre est absent, je ne puis plus rien faire.

Mᵉ. WANDERK.

Hé bien, le voilà de retour.

ADÉLAÏDE.

Depuis que j'ai pris l'habitude
De prendre leçon chaque jour,
Vous n'imaginez pas combien j'aime...... l'étude.

Mᵉ. WANDERK.

Mais mon enfant, ce que tu sais déjà,
Quelques leçons de moins ne peuvent le détruire.

ADÉLAÏDE.

Oh! c'est égal : j'aime à m'instruire.

Mᵉ. WANDERK, *avec malice.*

Hé! laisse faire, il t'instruira.
(*à Mirval.*) Dans votre chambre allez m'attendre.
Mon cher Mirval, je veux publiquement
Vous donner aujourd'hui la marque la plus tendre
De mon sincère attachement.
Allez.

MIRVAL (*à part.*)

A peine je respire.

Mᵉ. WANDERK, *à sa fille.*

Toi, j'ai quelque chose à te dire
Qui t'intéresse vivement.
(*à Mirval.*) Allez, mon franc ami.

(*Mirval s'éloigne lentement en regardant attentivement
Adélaïde et sa mère ; Madame Wanderk les observe.*)

ADÉLAÏDE, *voyant sa mère rire sous cape.*

Qu'a-t-elle donc à rire?

Mᵉ. WANDERK (*à part.*)

Leur embarras m'amuse infiniment.

~~~~~~~~~~~~~~~~~~~~~~~~~~~~~~~~

SCENE XII.

Madame WANDERK, ADÉLAIDE.

M^e. WANDERK.

Pourras-tu m'écouter à présent ?

ADÉLAÏDE.

Oui, ma mère.

M^e. WANDERK.

Sais-tu ma fille à quel point tu m'es chère ?

ADÉLAÏDE, *avec tendresse.*

Maman ? mets la main sur mon cœur,
Il te répondra.

M^e. WANDERK.

Ton bonheur
Tient trop au mien pour que je le diffère ;
C'est mon plus doux plaisir, c'est ma plus grande affaire;
Et lui seul peut combler mes vœux.

ADÉLAÏDE.

O ma bonne maman !

M^e. WANDERK.

J'ai mandé mon Notaire,
Et j'attends nos parens, nos amis.

ADÉLAÏDE.

Pourquoi faire ?

M^e. WANDERK.

Pour t'assurer le sort le plus heureux.

ADÉLAÏDE.

Tout cela n'est pas nécessaire :
Pour être heureux avec ma mère,
Je n'ai jamais eu besoin d'eux.

M^e. WANDERK, *en confidence.*

Tu vas changer d'état.

ADÉLAÏDE.

Comment ?

M⁰. WANDERK, *galment.*

Je te marie.

ADÉLAÏDE.

Ne badine pas, je t'en prie.
(à part.) Le cœur me bat terriblement.

M⁰. WANDERK.

Et j'ai voulu, ma bonne amie,
Te surprendre agréablement.

ADÉLAÏDE *(à part.)*

Ah ! si c'étoit ce que je pense !

M⁰. WANDERK.

Depuis long-temps avec prudence
J'étudiais tes goûts afin de les saisir.....

ADÉLAÏDE *(à part.)*

Elle a lu dans mon cœur.

M⁰. WANDERK.

Ma tendre complaisance
N'a consulté dans cette circonstance
Que ce qui peut contenter ton désir.

ADÉLAÏDE.

O combien je dois vous chérir !

M⁰. WANDERK.

J'ai sondé les replis de ton âme ingénus :
Quand je me suis bien convaincue
Que ton cœur étoit libre.......

*(Adélaïde, qui écoutoit avec joie, change de visage
tout-à-coup. Madame Wanderk qui saisit tous ses
mouvemens, continue galment.)*

.... Et que tu n'aimois rien
Que la parure et la magnificence......

ADÉLAÏDE.

Moi, ma mère ?

M⁰. WANDERK *lui souriant.*

Tu vois que je te connois bien.

ADÉLAÏDE.

Mais...

Mr. WANDERK *l'interrompant.*

Il falloit en conséquence
Te ménager une riche alliance,
Et c'est à quoi je viens de travailler.

ADÉLAÏDE, *très-inquiette.*

Vous avez, dites-vous?....

Mr. WANDERK, *gaîment.*

Hé ! oui, tu vas briller
Tu vas nager dans l'opulence !
De ta félicité mon cœur jouit d'avance.

ADÉLAÏDE, *les larmes aux yeux.*

Ecoutez-moi.

Mr. WANDERK *voulant s'en aller.*

C'en est assez.

ADÉLAÏDE, *en pleurs.*

A vos pieds......

Mr. WANDERK.

Lève toi, ma fille,
Quand sur ton front le plaisir brille,
Mes soins sont trop récompensés.

ADÉLAÏDE.

Quoi ?....

Mr. WANDERK.

Dans tes yeux ton âme se déploie.

ADÉLAÏDE.

Mais, regardez-les donc.

Mr. WANDERK.

Que ces larmes de joie
Me payent bien......

ADÉLAÏDE.

Ecoutez.

Mr. WANDERK.

Non:
Ma chère enfant, je te dispense ;
De ces remercîmens qui sont hors de saison.

ADÉLAIDE.

Si vous vouliez m'entendre!

Mr. WANDERK.

Eh! mais je sais d'avance
Ce que tu me dirois.

ADÉLAIDE.

Mon cœur.....

Mr. WANDERK.

C'est bon! c'est bon.

(*Adélaïde reste absorbée : Madame Wanderk prête à rentrer, jette un coup-d'œil, et a toutes les peines du monde à s'empêcher de rire.*)

SCENE XIII.

ADÉLAIDE Seule.

O QUEL charmant espoir elle vient de détruire!
Me voilà maintenant dans un bel embarras!
Mais comment ne sait-elle pas
Que Mirval a mon cœur? tout a dû l'en instruire.
Car c'est aussi clair que le jour.
Il ne m'a point encor parlé de son amour,
Mais nos yeux devant elle en avoient le langage,
Et quand elle voyoit notre tendre embarras.
Un doux sourire animoit son visage.
On ne doit pas rire à son âge
De ce que l'on n'approuve pas.
Elle nous a trompé tous les deux..... comment faire?
(*Après une courte réflexion.*)
Si je lui disois fermement :
« Je ne veux que Mirval pour époux, pour amant;
» Je l'aime : et vous aurez beau faire.....»
(*Revenant promptement à elle.*)
Qui, moi? résister à ma mère!
Moi l'affliger un seul moment!
Eh! pourrais-je éprouver un plus cruel tourment
Que le malheur de lui déplaire?
Non : non...... Si je parlois à Mirval ;..... le voici.

~~~~~~

SCENE XIV.

ADÉLAIDE, MIRVAL *absorbé dans ses réflexions.*

ADÉLAÏDE (*à part.*)

Oh ! comme il est rêveur !

MIRVAL, *voyant Adélaïde.*

           Elle est encore ici ?

Je ne puis l'éviter.

ADÉLAÏDE (*à part.*)

           Que n'ai-je assez d'adresse

Pour le faire expliquer !

MIRVAL *à part.*

           Cachons-lui ma faiblesse ;

Et prenons garde de nous trahir.

ADÉLAÏDE (*à part.*)

Je ne pourrai jamais lui parler sans rougir.

(*après un petit silence.*)

Pourquoi restez-vous là Mirval ?

MIRVAL *embarrassé.*

           Mademoiselle,

Je cherche votre mère.

ADÉLAÏDE.

           Elle va revenir.

Vous savez qu'à vous voir elle a bien du plaisir ;

Restez.

MIRVAL.

           Sa bonté naturelle......

ADÉLAÏDE *souriant.*

Et vous savez aussi que je pense comme elle.

MIRVAL.

Croyez que mon respect.......

ADÉLAÏDE.

           Je n'oublierai jamais

Que c'est à vous que je dois mes progrès.

MIRVAL.

De mes soins assidus ils sont la récompense.

ADÉLAÏDE.

Ils vous donnent des droits à ma reconnoissance,
Ainsi qu'à ma tendre amitié.

MIRVAL (à part.)

O ciel!

ADÉLAÏDE.

Pour vous prouver toute ma confiance,
Je veux vous faire confidence
De mes chagrins...... vous en aurez pitié.

MIRVAL.

Daignez m'écouter je vous prie,
Votre cœur par et sans détour
Ne veut pas offenser une mère chérie?
Me révéler ce qui vous contrarie,
C'est un vol fait à son amour.

ADÉLAÏDE, vivement.

Ah! vous savez combien son amitié m'est chère!
Elle tient à mon être; elle m'est nécessaire;
Et malgré des rapports si doux,
Je ne sais pas trop entre nous
En quoi notre amitié diffère;
Mais celle que j'ai pour ma mère
N'est pas celle que j'ai pour vous.

MIRVAL (à part.)

Et je ne puis parler! ô contrainte cruelle!

SCENE XV.

LES MÊMES, FRÉDRIC.

FRÉDRIC, accourant en sautant dans une joie folle.

Vivat, vivat! grande nouvelle!

ADÉLAÏDE.

Qu'est-ce que c'est?

FRIDRIC.

Je l'ai dit ce matin;
« Il faut que le fait soit certain,
» Puisque l'on donne une veillée ».
J'ai de l'esprit comme un lutin!
Vous allez être émerveillée !

ADÉLAÏDE.

Et de quoi donc?

FRIDRIC.

Quand vous verrez cela,
Ceci par ci, cela par là!
Il faudra que chacun admire ;
Et puis ensemble on s'écriera......
« La bonne maman que voilà ! »
Et puis au bal comme on va rire!
Eh wals, eh walz: et houp ça ça.

(Il saute comme s'il dansoit une walz.)

MIRVAL.

Du sujet de ta joie il faudroit nous instruire.

ADÉLAÏDE.

Mais sans doute.

FRIDRIC.

Je le veux bien.

(Il les mène au-devant du théâtre et leur dit en confidence.)

Votre mere m'a dit, mais sans m'expliquer rien,
Vas porter promptement ces papiers, cette lettre.

ADÉLAÏDE, avec impatience.

A qui ?

FRIDRIC.

Voulez-vous bien permettre ?
Je vous expliquerai le fait de tout en bout.
J'ai porté les papiers...... ensuite
Chez l'autre j'ai couru bien vite :
Mais quand je me suis trouvé là,
Ah ! bon dieu!

ADÉLAÏDE.

Quoi donc ?

FRIDRIC.

FRIDRIC.

De ma vie
Je n'ai rien vu comme cela!
Et vous en serez éblouie:
Oh! vous pouvez vous en fier à moi:
C'est superbe!

ADÉLAïDE, *impatientée.*

Superbe! quoi?

FRIDRIC.

Un petit moment, je vous prie.
Il m'a tout étalé pour me faire tout voir.

ADÉLAïDE.

Quoi donc?

FRIDRIC.

Vous voulez le savoir?

ADÉLAïDE.

Eh! sûrement; j'en meurs d'envie.

FRIDRIC.

Pendant que j'admirais cela
Il a relu la lettre.

MIRVAL.

Eh! bien?

FRIDRIC.

Je vous annonce....

ADÉLAïDE, *impatientée.*

Après?

FRIDRIC, *en confidence.*

Que je m'en vais en porter la réponse:
(*Il sort en dansant.*)
Hé walz, hé walz, hé houp ça, ça!

~~~~~~~~~~~~~~~~~~~~~~~~~~~~~~~~

SCENE XVI.

ADÉLAIDE, MIRVAL.

ADÉLAIDE.

Il est devenu fou.

MIRVAL.

Qu'annonce ce mystère?

ADÉLAIDE.

En vérité, je n'en sais rien.
Mais vous, Mirval, serez-vous plus sincère?

MIRVAL.

N'en doutez pas.

ADÉLAIDE.

Sur quoi rouloit votre entretien
Quand je vous ai trouvé tantot avec ma mère?

MIRVAL.

Nous parlions de sincérité ;
Pour elle cette qualité
A plus d'une autre est préférable.

ADÉLAIDE, vivement.

Elle a raison, rien n'est plus agréable!

MIRVAL.

Elle ajoutoit avec bonté :
» Jamais un cœur pur ne déguise
» Les accens de la vérité ».

ADÉLAIDE, avec un sourire ingénu.

Mirval? de ses leçons avez-vous profité?

MIRVAL.

Sans doute.

ADÉLAIDE, avec effusion.

Hé bien, parlons avec franchise.
Voyons ; expliquons-nous.

MIRVAL, avec embarras.

Nous expliquer? sur quoi?

D

ADÉLAÏDE, *avec dépit.*

Vous m'impatientez.

MIRVAL *à part.*

O devoir trop sévère.

ADÉLAÏDE, *d'un air piqué.*

Hé bien, Mirval, conseillez moi.
D'abord ; apprenez que ma mère
Veut me marier dès ce soir.

MIRVAL, *affectant un air froid.*

Je m'en doutais.

ADÉLAÏDE, *ironiquement.*

Fort bien.... Elle ne fait pas voir
Ce beau mari !

MIRVAL.

Sur sa sagesse
Vous devez fonder votre espoir :
Vous connoissez pour vous jusqu'où va sa tendresse,
Et vous savez votre devoir.

ADÉLAÏDE.

Et si cet homme est haïssable.

MIRVAL.

Votre mère est trop raisonnable
Pour avoir fait un choix dont elle pût rougir.
Ah ! croyez que l'époux qu'elle a su vous choisir....

ADÉLAÏDE, *avec véhémence.*

Mais quand il seroit adorable,
Si je ne puis pas le souffrir ?
Que dois-je faire alors ?

MIRVAL.

Agir
Comme une fille raisonnable,
Qui craignant d'affliger sa mère respectable ;
A le courage d'obéir.

ADÉLAÏDE *allant se jetter sur une chaise.*

Oh! vous êtes insupportable !

MIRVAL.

Ne vous mettez pas en courroux.

C 2

ADÉLAÏDE, *se levant vivement.*
Quel raisonnement est le vôtre !
Eh! comment voulez-vous que j'en épouse un autre,
Lorsque mon cœur est tout à vous ?

MIRVAL, *hors de lui.*
Quoi ! vous m'aimez !

ADÉLAÏDE.
Allons, feignez de la surprise.
Hum ! vous le saviez bien !

MIRVAL.

Jamais.....

ADÉLAÏDE.
Qu'il est menteur !

MIRVAL.
Ah ! pour connoître mon bonheur....

ADÉLAÏDE.
Il falloit que je vous le dise ?
Eh bien! vous devez le savoir,
Je vous l'ai dit.

MIRVAL.
Adélaïde,
Je serais un ingrat : je serais un perfide
Si je vous laissais entrevoir
La plus faible lueur d'espoir.

ADÉLAÏDE.
Pourquoi donc ? ma mère vous aime,
Tantôt encor, comme elle m'assuroit
Avec une tendresse extrême,
Que mon bonheur seul l'occupoit.
J'ai cru que c'étoit vous qu'elle me destinoit.

MIRVAL.
Eh mais ! la chose est impossible !
Sans état ; sans appui ; moi qui n'ai pour tout bien
Qu'une ame tendre, un cœur sensible....

ADÉLAÏDE *souriant.*
Et vous comptez cela pour rien ?

MIRVAL.

Étouffez un penchant que votre mère ignore,
Et que vous ne devez jamais lui reveler.

ADÉLAÏDE *vivement.*

Vous ne m'aimez donc pas?

MIRVAL, *tombant à ses pieds.*

Qui, moi? je vous adore.

~~~~~~~~~~~~~~~~~~~~~~~~~~~~~~~~~~~

SCENE XVII.

ADÉLAÏDE, *au-devant de la scène,* MIRVAL, *à ses pieds;* MADAME WANDERK, *entr'ouvrant doucement la porte du fond.*

ADÉLAÏDE, *avec joie.*

Ah! cela s'appelle parler.

MIRVAL *se relevant.*

Juste ciel! quel est mon délire?
J'oublie, en osant vous le dire,
La reconnoissance et l'honneur.

Mᵉ. WANDERK *se retire et ferme doucement la porte.*

ADÉLAÏDE.

Hé non! vous êtes dans l'erreur.

MIRVAL.

Ah! loin d'encourager ma criminelle ardeur,
Condamnez moi vous-même au plus cruel martyre:
Défendez-moi de vous offrir mon cœur.

ADÉLAÏDE, *avec un aimable sourire.*

Eh! défend-on ce qu'on desire?

MIRVAL, *se remettant à genoux.*

Adélaïde!

ADÉLAÏDE, *tendrement.*

Hé bien?

MIRVAL.

Vous vous perdez tous deux.

C 3

M°. WANDERK, *sans être vue.*
Que l'on conduise ici Mirval et mon Notaire.

MIRVAL, *se levant avec confusion.*
Je suis!

ADÉLAÏDE, *l'arrêtant.*
Non! demeurez...... je veux,
Devant vous, tout dire à ma mère.

MIRVAL.
Je n'oserai jamais....

ADÉLAÏDE, *avec un petit ton décidé.*
Hé bien, laissez moi faire.
J'ai du courage, moi.

M°. WANDERK, *à Mirval en entrant*
Ah! vous êtes ici?
Je vous faisais chercher : vous m'êtes nécessaire.
Le bonheur de ma fille est ma première affaire.
Mais cependant il faut aussi
Qu'envers vous, Mirval, je m'acquitte.
Je sais que je vous dois beaucoup.

ADÉLAÏDE, *bas à Mirval.*
Que vous avais-je dit ?

MIRVAL, *à Madame Wanderk.*
C'est moi qui vous doit tout.

M°. WANDERK.
Ma fille tient de vous ce qu'elle a de mérite.
Ses talens, par vos soins, peuvent encore gagner.
Il est temps de vous témoigner
Jusqu'où va ma reconnoissance :
Elle surpassera je crois votre espérance;
Je m'en flatte du moins.

ADÉLAÏDE (*à part.*)
Comme le cœur me bat!

MIRVAL.
Madame......

M°. WANDERK.
Oui : je veux assurer votre état :

Mais vous me promettes d'achever votre ouvrage;
C'est une clause du contrat.

ADÉLAÏDE, *bas à Mirval.*

Du contrat : c'est bien clair.

Mᵉ. WANDERE.

Sans consulter l'usage,
Sans prendre avis de mes parens,
Je vous ai fait un avantage
Qu'on n'accorde qu'à ses enfans,
Et vous voilà de la famille.

MIRVAL, *enchanté.*

Ah! Madame!

ADÉLAÏDE, *de même.*

Ah! ma mère!

Mᵉ. WANDERE, *galment.*

Ecoutes-moi, ma fille,
Il est temps à présent de te faire savoir
Ce secret desiré.

(*Elle les amène tous deux au-devant de la scène.*)

J'ai rempli le devoir
D'une mère prudente et sage :
J'ai bien conduit l'affaire, et vous allez le voir.

(*à Adélaïde en confidence.*)

Le plus riche parti de tout le voisinage,
Qui réunit par un double avantage
Et l'opulence et le pouvoir;
Homme puissant.

ADÉLAÏDE, *inquiette.*

Hé bien?

Mᵉ. WANDERE, *comme si elle donnoit une bonne nouvelle.*

Vient t'épouser ce soir.

ADÉLAÏDE, *avec une grande surprise.*

Moi? j'épouse....

Mᵉ. WANDERE, *l'interrompant.*

Un seigneur, et du plus haut parage.
Vous, Mirval, vous allez signer.
A son contrat de mariage.
Je crois que cet honneur n'est pas à dédaigner.

MIRVAL (à part.)

Quel coup!

M⁰. WANDERK (à part.)

Il change de visage.

ADÉLAÏDE (bas à Mirval.)

Je m'en vais lui parler... calmez votre chagrin.

(à Madame Wanderk avec timidité.)

Pardon, maman... mais...

M⁰. WANDERK, gaîment.

Quoi?

ADÉLAÏDE.

Je pense...

Que vous pouviez, par complaisance,

Interroger mon cœur avant d'offrir ma main.

M⁰. WANDERK.

Pourquoi donc, mon enfant? le mien étoit certain

De ta parfaite indifférence.

ADÉLAÏDE, vivement.

Qui vous l'assure?

M⁰. WANDERK, sérieusement.

Ton silence.

ADÉLAÏDE, inquiette.

Quoi? mon silence?...

M⁰. WANDERK, gaîment.

Oh! je ne risquais rien.

ADÉLAÏDE, après un moment d'embarras.

Répondez franchement.

M⁰. WANDERK.

Hé bien?

ADÉLAÏDE.

Vous seriez-vous mise en colère

Si je vous avais dit : « Quelqu'un a su me plaire,

» Et ce quelqu'un n'a pas de bien »?

M⁰. WANDERK, avec tendresse.

Ah! loin de prendre un ton sévère,

Ton choix, tel qu'il pût être, auroit été le mien.

(Reprenant son air gai.)

Mais j'etais sûre du contraire.

ADÉLAÏDE.

Bien sûre?

Me. WANDERK, avec chaleur.

Ah! mon enfant, je croirais t'outrager,
Si j'osais supposer qu'une fille si chère
Eut quelques secrets pour sa mère.
Du plus faible penchant, du goût le plus léger,
Tu m'aurais sur-le-champ fait un aveu sincère.

ADÉLAÏDE, se couvrant le visage.

Oh!!!!

Me. WANDERK.

Les détours sont faits pour les cœurs corrompus
Que la honte retient, que le grand jour offense.
Mais lorsqu'au sein de l'innocence,
On chérit à la fois sa mère et les vertus,
On dit hardiement ce qu'on pense.

MIRVAL, à part.

Que le reproche est dur, quand il est mérité.

ADÉLAÏDE, à part.

J'allais dire la vérité,
Mais quand on est coupable on n'a plus de courage.

Me. WANDERK, carressant sa fille.

Va, mon cœur du tien est si sûr,
Qu'en arrangeant ce mariage......

ADÉLAÏDE, les larmes aux yeux.

Ce cœur...

Me. WANDERK.

Est franc, sensible et pur.
Le soupçonner est un outrage.

SCENE DERNIERE.

LES MÊMES, FRIDRIC, LISBETH,
LE NOTAIRE.

FRIDRIC, annonçant.

VOTRE Notaire.

ADÉLAÏDE, allant se cacher dans un coin.

O ciel!

LA VENGEANCE,

M°. WANDERK, à Frid·ic.

Mets cette table ici.

(au Notaire qui entre.)

Je vous attendais.

LE NOTAIRE *d'un ton pédant.*

Me voici.

M°. WANDERK.

Notre affaire est-elle finie ?

LE NOTAIRE.

J'ai stipulé le tout au gré de votre envie :
Je ne veux pas être vanté.
Mais je puis assurer avec véracité
Que dans tous les contrats que j'ai fait en ma vie,
Jamais ma perspicacité,
N'a saisi les objets.......

M°. WANDERK.

Finissons, je vous prie.

LE NOTAIRE.

Un moment s'il vous plaît : ne m'avez-vous pas dit
Qu'il falloit expliquer clairement.......

M°. WANDERK, *lui faisant des signes.*

Au contraire,
Je vous ai prié de vous taire.

LE NOTAIRE.

Non pas, dans le contrat cela n'est point écrit.

M°. WANDERK.

O quelle tête !

LE NOTAIRE.

En fait d'affaire,
On prend le parti le plus sûr ;
Donc, j'ai joint au nom du futur.....

M°. WANDERK.

Hé, taisez vous.......

LE NOTAIRE.

.....Le titre de la terre
Qui vient de vous coûter deux cents mille florins.

COMÉDIE.

Mᵉ. WANDERK *s'impatientant.*

Eh ! paix donc !

LE NOTAIRE, *étonné de son ton.*

D'après vos desseins,
J'ai rédigé l'article, et je vais vous le lire.

Mᵉ. WANDERK, *prenant le contrat.*
Mais vous extravaguez, je croi !

LE NOTAIRE, *fâché.*
Si quelqu'un extravague ici, ce n'est pas moi.

Mᵉ. WANDERK.

Écoutez moi.
(*Elle le mine au coin du théâtre, le notaire lui indique
l'article qu'elle lit bas, en jettant les yeux de temps en
temps sur les jeunes gens, & paroissant toujours écouter
ce qu'ils disent*)

LISBETH *à part.*
Toujours se cacher ! quel martyre !

ADÉLAÏDE, *se levant avec vivacité et allant
joindre Mirval.*

Je vous aime...... ce soir je puis encore le dire ;
Mais si l'on engage ma main,
Je ne le pourrai plus demain.
Profitons du moment...... J'ai tort avec ma mère !
Tout ce qu'elle m'a dit me l'a trop fait sentir !
Prévenons sa juste colère ;
Tâchons, par un aveu sincère
De la toucher, de l'attendrir.

MIRVAL, *avec la même vivacité.*
Et si malgré nos pleurs elle reste inflexible,
Promettons tous deux de remplir
Un devoir sacré ! mais pénible.

ADÉLAÏDE, *baissant les yeux.*
Quel sera le mien ?

MIRVAL.
D'obéir.

ADÉLAÏDE, *avec tendresse.*
Le vôtre, Mirval ?

MIRVAL, *les larmes aux yeux.*
De vous fuir.

Mᵉ. WANDERK, *qui a souri en entendant leurs derniers mots, dit au Notaire en parlant haut.*

Ajoutez-y cela.

LE NOTAIRE, *sans la comprendre.*

Cela?...... Quoi, je vous prie?

Mᵉ. WANDERK, *le conduisant à la table.*

Asseyez-vous.

LE NOTAIRE.

Que diable signifie?...

Position de la Scène.

LE NOTAIRE, *à la table.* LISBETH, *derrière sa chaise, cherchant à lire par dessus son épaule.* FRIDRIC, *dans le fond.* Mᵉ. WANDERK, *au milieu de la scène.* ADLAÏDE, *ensuite.* MIRVAL, *au coin du théâtre à gauche.*

Mᵉ. WANDERK, *aux jeunes gens.*

Enfin, voici l'instant le plus doux pour mon cœur.

Je vais partager mon bonheur,

Et cette tâche m'est bien chère.

(*à Adélaïde en la prenant par la main.*)

Viens : en attendant ton époux,

Signes toujours.

ADÉLAÏDE, *en pleurs.*

Je tombe à vos genoux.

Pardon! pardon!

Mᵉ. WANDERK, *feignant l'étonnement.*

Mon dieu! qu'as-tu pu faire

Qui te fasse à ce point redouter ma colère?

ADÉLAÏDE.

Et ce n'est pas votre courroux

Que je crains.

Mᵉ. WANDERK.

Et quoi donc?

ADÉLAÏDE.

C'est d'affliger ma mère.

Mᵉ. WANDERK.

Toi, m'affliger, mon enfant? toi!

ADÉLAÏDE, *hésitant.*

Oui, moi-même... Cet homme à qui l'on me marie...
N'obtiendra que ma main.

M°. WANDERK.

Pourquoi?
Expliques-toi donc, je t'en prie ;

ADÉLAÏDE, *presque en pleurant.*

C'est que mon cœur n'est plus à moi.

M°. WANDERK, *affectant la plus grande colère.*

Qu'ai-je entendu? ma fille! à peine je le croi.
Quoi? dans le cœur d'Adélaïde
Un secret a pu m'échapper?

ADÉLAÏDE.

Ah! moins coupable que timide,
Je me taisais sans vouloir vous tromper.

M°. WANDERK, *avec tendresse.*

A cette méfiance aurais-je pu m'attendre!
Me cacher ton penchant, n'est-ce pas me trahir?
Tu voulais donc priver la mère la plus tendre
Du droit le plus sacré, celui de te servir ;
Celui de te guider et de te rendre heureuse?
Pour un cœur maternel, épreuve douloureuse!
    (*Elle va se jetter dans les bras de Mirval.*)
Venez, mon cher Mirval, venez me secourir ;
Contre un coup si cruel venez me soutenir.
    (*Montrant Mirval à Adélaïde.*)
L'exemple de cette âme et franche et généreuse,
    Suffit pour te faire rougir.
    Son amitié sincère et tendre
N'éprouvera jamais ni remords ni regrets.
    Si son cœur avoit des secrets
Ce seroit dans mon sein qu'il viendroit les répandre.

MIRVAL, *désespéré.*

Ah! de grâce, arrêtez: vous déchirez mon cœur.
Loin d'avoir mérité cet éloge flatteur,
    Je suis mille fois plus coupable......

M°. WANDERK, *feignant l'étonnement.*

Qui, vous Mirval?

MIRVAL.

Je vais vous faire horreur.
J'ai mérité les noms d'ingrat, de suborneur.
J'adore Adélaïde.

Me. WANDERK, *tombant dans un fauteuil.*

O crime épouvantable!
Ce dernier trait m'étourdit et m'accable.

MIRVAL.

Je dois être un monstre à vos yeux.

Me. WANDERK.

Quand les attentions, les soins officieux
De ma conduite étoient les guides,
Loin de me payer de retour
Je n'ai trouvé, pour prix de tant d'amour,
Que des cœurs ingrats et perfides.

MIRVAL, *à genoux.*

Madame......

ADÉLAÏDE.

Ayez pitié......

Me. WANDERK, *les repoussant.*

Laissez moi, laissez moi.

LE NOTAIRE, *à part.*

Mais le contrat qu'elle-même a fait faire
Ne cadre point du tout avec cette colère.
(*Il quitte sa table et s'approche de Madame Wanderk.*)
Je vais savoir la vérité.
(*à Madame Wanderk qui paroît accablée.*)
Madame, expliquez moi.

Me. WANDERK, *se levant, et avec un ton absolu.*

Silence!
*Tout le monde paroît étonné: Fridric fait un bond
de frayeur: le Notaire remporte son contrat et retourne
à sa table.*)

Me. WANDERK, *d'un ton décidé.*

Soumettez-vous ma fille à mon obéissance,
Rien ne peut plus changer ma volonté;
Mais n'accusez de ma sévérité
Que votre peu de confiance.

ADÉLAÏDE, *suppliant.*

Ah! différez du moins, et que votre bonté........

Mᵉ. WANDERK.

Hé bien... je ne veux pas te faire violence :
Tu peux choisir en liberté.
Entre ces deux partis celui qui peut te plaire.

(*En lui présentant la plume.*)

Sans connaître l'époux que je t'ai destiné,
Qu'à l'instant de ta main ce contrat soit signé,
Ou renonce à jamais à l'amour de ta mère.

ADÉLAÏDE *saisissant la plume.*

Mon choix n'est pas douteux.... Le plus affreux malheur
Est la perte de votre cœur.

Mᵉ. WANDERK *à part.*

O chère enfant !

ADÉLAÏDE *avant de signer.*

Mirval, que votre âme attendrie,
Imite un généreux effort :
Qui me donna le jour veut m'arracher la vie,
Je signe l'arrêt de ma mort.

(*Elle signe et s'appuie sur Lisbeth. Mirval, inquiet,
s'avance. Me. Wanderk les prends tous deux par la
main*).

Mᵉ. WANDERK.

Votre manque de confiance,
Avoit trop justement excité mon courroux.
Apprenez tous les deux jusqu'où va ma vengeance.
Adélaïde, ... embrasse ton époux.

(*Elle la met dans les bras de Mirval.*)

ADÉLAÏDE.

O ma bonne maman !

MIRVAL.

Je tombe à vos genoux.

LISBETH.

Ah ! je vous reconnois !

LE NOTAIRE.

Je commence à comprendre.

FRIDRIC.

C'est à présent qu'on walsera.

(*Fridric va pour walser, Lisbeth l'arrête tout court*);

ADÉLAÏDE *lui baisant la ma.*

Ma mère !

MIRVAL *de même.*

A ce bonheur aurais-je dû m'attendre ?

M. WANDERK.

Levez-vous mes enfans, et venez dans mes bras,
J'ai peut-être un peu trop prolongé ma vengeance ;
Mais c'est en vous faisant rougir,
Que j'ai voulu tous les deux vous guérir
De votre injuste méfiance.

« Jeunes gens sans expérience,
» Fuyez la ruse et les détours ;
» Ne cachez rien aux auteurs de vos jours,
» Et comptez sur leur indulgence.
» Evitez les pièges trompeurs
» Où vous entraîne l'imposture.
» On marche au vice par l'erreur.
» Si vous voulez toujours suivre l'honneur,
» N'offensez jamais la nature. (1)

_____

(1) Ce qui est guillemété a été supprimé à la représentation.

21